フランスの花々と小鳥のクロスステッチ

210点のモチーフで彩る
可憐な世界

Le langage des fleurs à broder au point de croix
by HÉLENE LE BERRE

Direction éditoriale : Tatiana Delesalle
Édition : Marylise Trioreau
Direction artistique : Caroline Soulères
Mise en pages : Vincent Fraboulet
Photographies : Fabrice Besse
Stylisme : Sonia Roy
Rédaction des textes liés au langage des fleurs : Nathalie Semenuik
Fabrication : Thierry Dubus et Marie Dubourg

First published in France in 2015 by Éditions Mango
© 2015 Éditions Mango
15-27 rue Moussorgski, 75895 Paris, France

Les oiseaux à broder au point de croix
by HÉLENE LE BERRE

Direction éditoriale : Guillaume Pô
Édition : Julie Cot et Marylise Trioreau
Direction artistique : Chloé Eve
Mise en page : Vincent Fraboulet
Photographies : Charlotte Brunet
Stylisme : Jessie Kanelos Weiner
Conception, explications et illustrations des ouvrages : Hélène Le Berre
Fabrication : Thierry Dubus et Anne Floutier

First published in France in 2013 by Éditions Mango
© 2013 Éditions Mango
15-27 rue Moussorgski, 75895 Paris, France

This Japanese edition was published in Japan in 2019
by Graphic-sha Publishing Co., Ltd.
1-14-17 Kudankita, Chiyoda-ku, Tokyo 102-0073, Japan

Japanese text and instruction pages 116-119
© 2019 Graphic-sha Publishing Co., Ltd.

All rights reserved. No part of this publication may be reproduced,
stored in a retrieval system, or transmitted in any form or by any means,
electronic, mechanical, photocopying, or otherwise, without the prior
permission of the publisher.

ISBN978-4-7661-3279-3 C2077

Printed in Japan

Japanese Edition Creative Staff
Translation & writing: Rica Shibata
Instruction pages: Yumiko Yasuda
Supervisor: Yumiko Yasuda
Layout: Shinichi Ishioka
Jacket design: Chiaki Kitaya, CRK design
Editor: Kumiko Sakamoto (Graphic-sha Publishing Co., Ltd.)

フランスの花々と小鳥のクロスステッチ

210点のモチーフで彩る
可憐な世界

g

Préface はじめに

　花たちはいつもわたしの想像力をかきたて、ステッチを彩ってくれます。花のない生活なんて、人生の魅力が半減してしまいます！

　本書で紹介するモチーフは、花たちが秘めた"言葉"からイメージを広げたものです。花はわたしたちに思いを語り、メッセージを伝えているのです。いくつもの象徴を持つ花もあります。そんな花たちの世界をクロスステッチで表現できるなんて、なんてすてきでしょう！

　誰からも愛されるおなじみの花だけでなく、あまり目立たない花も選びました。花言葉をからめたモチーフに、きっと誰もがロマンティックなときめきを感じることでしょう。

　大好きな男の子に花を贈って胸がいっぱいの女の子のモチーフから、レトロなテイストのポストカード、大作のアルファベットまで、すべてのメッセージがあなたの心に響き、日々の生活が華やぎますように。後半は、かわいい小鳥たちのさえずりが聞こえてきそうなモチーフが満載。心がウキウキとしてきそう。彩りもきれいなお花と小鳥たちの魅力的なモチーフをお楽しみください。

エレーヌ・ル・ベール

Sommaire もくじ

Préface はじめに	5	野生の花々でつづるアルファベット	48
		『フランスの花々』チャート	50〜71
Les broderies & Les grilles 刺しゅう&チャート	9	甘い夢	72
		黄金の鳥かご	74
ガラスドームに咲くクレマチス	10	バラと小鳥	76
アイリスの少女	12	おしゃべりな小鳥たち	78
幸運のブーケ	14	少女と小鳥たち	82
愛のメッセージ	16	お花の冠と小鳥	84
男の子とランの花	18	鳥たちのおうち	86
ティータイムを彩るアネモネの花	20	鳥たちのポートレイト	93
愛しい人に贈るバラ	22	フランスの野鳥たち	94
アトリエを飾るナスタチウム	24	鳥の巣	98
ミシンカバー	26	さくらんぼと小鳥	102
女の子とポピーの花	28	青い鳥の恋人たち	104
美しいケシの花	30	幸福のメッセンジャー	106
たおやかなボタンの花束	32	冬の小鳥たち	110
ミモザの小枝	34		
サクラの花の満開のころ	36	刺しゅうの出来上がりサイズと目数について	113
ファミリーツリー	38	目数と出来上がりサイズ早見表	114
ラベンダーのハート	40		
ポストカード	42	*Réalisations* 作品の作り方	
スイカズラの花冠	44	ミシンカバー	116
ミニブーケ	46	クッション	118

Le globe aux clématites
ガラスドームに咲くクレマチス　　チャート：P.50

ガラスドームのなかで揺れる、色とりどりの可憐なクレマチス。
繊細なはかなさを閉じ込めたこのモチーフは、まるで時が止まったかのよう。

ラ・クレマティトゥ
La clématite　クレマチス
キンポウゲ科センニンソウ属

　クレマチスの花は色も形もさまざま。地中深くしっかり張った根が、見事に咲き誇る花を支え、細くて丈夫な蔓はまるで、誰かのハートを掴むかのごとくぐんぐん伸びていきます。"つる性植物の女王"の異名を持ち、その名はギリシャ語の「klema（蔓）」に由来します。

　クレマチスは"愛を求めること"を象徴する花。白いクレマチスは、「あなたの気持ちを揺さぶってもいい？」という思いを、青いクレマチスは「いつの日か、あなたが見つめてくれることを信じている」という思いを伝えます。

　クレマチスはフランスで、"物乞い草（herbe aux gueux）"という俗称で呼ばれることも。クレマチスの葉には毒性があり、その昔、物乞いがクレマチスの葉の汁を皮膚に塗りつけてわざとかぶれさせ、通行人の同情をひいたといいます。

フランス語のプチレッスン
〜ステッチの参考に！〜

スヴニール・ウルー
Souvenirs Heureux　　　　幸せな思い出

La petite fille à l'iris
アイリスの少女　チャート：P.51

はにかんだ少女の天使のような笑顔。アイリスの花が伝えるのは恋のメッセージ。きっと大好きな男の子にアイリスの花を贈って、顔を赤らめているのでしょう。

L'iris　アイリス
（リリス）
アヤメ科アヤメ属

　アイリスの上品でしとやかなたたずまいは、多くの芸術家たちを魅了してきました。ゴッホもモネも、この花をテーマに絵画を描いています。

　アイリスはいつの時代も愛の象徴。アイリスの花束を贈るのは、「あなたを信じています」「やさしい愛情で想っています」というニュアンスを含んだ、"究極の愛"を伝えることになります。

　アイリスの花はまた、フランス王室の紋章として親しまれてきました。フランスの前身であるフランク王国の初代国王クロヴィス1世は、ゴート族に包囲された際、沼に咲く黄色のアイリスに導かれ、浅瀬を伝って逃げたといいます。それゆえ、フランク王国は、王家の紋章としてアイリスを使うことにしたのです。現在でもフランスの国花として、フランスを象徴する花です。

フランス語のプチレッスン
〜ステッチの参考に！〜

Pour Toi　　　　　　あなたへ
（プール・トワ）

Le bouquet porte-bonheur
幸運のブーケ　チャート：P.52

アネモネ・ネモローサ、わすれな草、マーガレット、野バラ、スズランの花をアクセントに添えた小さなブーケ。清楚な野の花の可憐さを、水玉模様のリボンで束ねて。

Le muguet　スズラン
（ル・ミュゲ）
スズラン亜科スズラン属

　スズランには幸福をもたらす力があると、ケルト人は信じていました。フランスでは5月1日を「スズランの日（jour des muguets）」と呼び、家族や友人、恋人など親しい人にスズランを贈る習慣があります。受け取った人には幸運が訪れるといわれており、花が13ついたスズランがとくに縁起がよいとされています。この習慣の起源は、中世の時代にさかのぼります。1561年5月1日、フランス王シャルル9世は、この白い鈴なりの花束を受け取り、たいそうお気に召し、それ以降、毎年この日には宮殿の女性たちに贈ることにしたのです。

　もうひとつ、スズランにまつわる習慣といえば、4月30日に催される「スズランの舞踏会（bal du muguet）」。白いドレスで上品におめかしした娘たちと、ボタンホールにスズランを1輪刺した青年たちがダンスやおしゃべりを楽しみます。

フランス語のプチレッスン
〜ステッチの参考に！〜

bonne chance!　　　　幸運あれ！
（ボンヌ・シャンス）

Le message de l'amour
愛のメッセージ　チャート：P.53

LOVEの文字をお花で飾ったこの上品なモチーフを、ひと針ひと針、生地に浮かびあがらせて、あなたの恋心をかたちにして。

L'œillet　カーネーション
（ル イ エ）
ナデシコ科ナデシコ属

　ひらひらフリルのように波うつ花びらが、幾重にもレイヤー状に重なったカーネーション。ボリュームのあるドレスをまとったこの花は、色ごとにメッセージが異なります。赤いカーネーションは「情熱的な愛」、ピンクは「誠実さ」、白は「純潔」を表します。

　けれどカーネーションは、服喪や深い悲しみの象徴でもあります。フランスでは葬儀の際の献花にもよく使われます。また、演劇の世界では不名誉な評判を残しています。とある劇場の支配人は、契約を打ち切る女優には白いカーネーションを贈り、契約続行の女優にはピンクのカーネーションを贈ったのだとか。

フランス語のプチレッスン
〜ステッチの参考に！〜

Love（英）　　　愛
（ラヴ）

※フランス語では、L'amour
　　　　　　　　（ラムール）

Le petit garçon à l'orchidée
男の子とランの花 チャート：P.54

ちょっとノスタルジックなこのモチーフは、幼いころの淡い思いを呼び覚まします。お花屋さんで背伸びして選んだ花を手に、好きな女の子の喜ぶ顔がただ見たくて……。

L'orchidée ラン
（ロルキデ）
ラン科

　エキゾチックでミステリアスな雰囲気をかもすランの花は、世界中に700属以上、15,000種あると言われています。その気高さと官能的な香りもあいまって、究極の女性像になぞらえる人もいます。ランの花は、深い永遠の愛のあかし。ですから、フランスでは結婚55周年を「ラン婚式（noces d'orchidée）」と呼ぶのです。

　甘い香りが魅惑的なバニラも、ラン科の植物です。バニラはメキシコが原産で、そのかぐわしい香りにまつわる伝説があります。ある娘が、"鹿男"と呼ばれる農夫に恋をしました。けれど娘の親はその恋を許さず、鹿男と娘は駆け落ちをします。神々はそれを娘の反抗と見なし、罰として2人を死罪に処したのです。2人が死ぬと、その魂は森に打ち捨てられました。すると、その場所から1本のカカオの木が生え、かたわらにはランも芽を出し、カカオの木に蔓を巻きつけたのです。そして美しい花が咲き、その花から人間の妊娠期間と同じ9か月をかけて莢ができました。その莢はとても芳しい香りを放ち、人々は純愛がこの香りをもたらしたのだと悟ったのです。

フランス語のプチレッスン
～ステッチの参考に！～

Doux Amour　　　淡い恋心
（ドゥー・アムール）

Des anémones à l'heure du thé
ティータイムを彩るアネモネの花　チャート：P.55

ポエティックなこのモチーフは、あなたをお茶の時間へと誘います。
ロマンティックなお茶会の主役は、アネモネの花。
愛らしいチョウチョが今日のお客様です。

L'anémone（ラ ネ モン）　アネモネ
キンポウゲ科イチリンソウ属

　多くの花は、愛や情熱、やさしさの象徴。けれど、アネモネが伝えるのは、その真逆の気持ちです。もし、アネモネの花束を受け取ったら、それは別れのメッセージ。「絆の終わり」を意味します。けれど、これをポジティブにとらえ、「再生」と「自由の再来」というメッセージと解釈する説もあります。

　アネモネという名は、ギリシャ語の「anemos（風）」が由来です。ギリシャ神話には、アネモネをめぐる悲しいお話もあります。アネモネは"風の娘"と呼ばれる、美しい妖精でした。あるとき、西風の神ゼファーがこの娘に恋をします。すると、それを知って怒ったゼファーの妻は、娘を花の姿に変えてしまったのです。花になったアネモネに、ゼファーの気持ちは冷めてしまいました。ところが、今度は北風の神ボレアスが、花のアネモネに恋をします。けれど、アネモネは見向きもしません。怒ったボレウスは風を強く吹きかけ、無理やり花を開かせようとしました。それゆえ、アネモネは北風にあたるとすぐに、色があせてしまうようになったのだといわれています。

フランス語のプチレッスン
〜ステッチの参考に！〜

モン・プティ・シュー
mon petit Chou　　　　かわいい子

Des roses pour un être cher
愛しい人に贈るバラ　　チャート：P.56

淡いピンクのグラデーションのバラの花に、黄色のアクセントを利かせて。「À Toi(あなたへ)」のメッセージは、とびきり心を込めてステッチすることを忘れずに！

ラ・ローズ
La rose　バラ
バラ科バラ属

　色によって花言葉がかわる花も多くありますが、バラは色だけではなく本数によっても、その意味あいが変わってきます。情熱的な愛、やさしい愛、セクシャルな愛、胸が張り裂けそうな激しい愛……。いずれにしても、愛の象徴ということに変わりはありません。

　ナポレオン1世の皇妃として知られるジョゼフィーヌ・ドゥ・ボアルネは、ナポレオンと離婚したのち、パリ近郊のマルメゾンの城で暮らしました。庭園には巨大な温室を設け、世界中から植物を取り寄せて栽培することに情熱を注いだのです。なかでもバラをこよなく愛し、250品種ものバラを育てました。ジョゼフィーヌの死後、庭園はなおざりにされていましたが、現在は手入れの行き届いた美しいバラ園として一般公開されています。

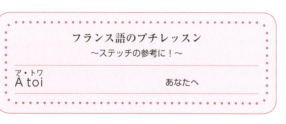

フランス語のプチレッスン
～ステッチの参考に！～

ア・トワ
À toi　　　　　　　　あなたへ

L'atelier aux capucines
アトリエを飾るナスタチウム　チャート：P.57

カタカタとミシンの音が聞こえてきそうな風景を、チクチクとひと針ひと針、パステルカラーのニュアンスで生地に描いて。お裁縫道具とナスタチウムの花が、やさしいハーモニーを奏でています。

La capucine　ナスタチウム（キンレンカ）
ラ・キャプシン
ノウゼンハレン科ノウゼンハレン属

　白、ピンク、オレンジ、黄色、赤、パープル……淡い色から濃い色までさまざまな色のあるナスタチウムの花は、その色が濃くなるほど愛のメッセージも強くなります。たとえば白なら淡い恋、ピンクなら純愛、赤なら炎のような恋の象徴です。

　恋多き王として知られるルイ14世は、この花がお気に入りでした。身分を超えた愛を貫いて、ルイ14世の妻になったマントノン夫人に、王がはじめて贈った花は、ナスタチウムの花束だったといいます。その抑えきれない想いを伝えるべく、きっと赤いナスタチウムを贈ったのでしょう。

　ナスタチウムの花はエディブルフラワーとしてもおなじみです。独特の辛みがあり、サラダに加えると、見た目も華やぎます。また、若い果実を塩漬けにするとケッパーに似た風味があり、薬味に使われることも。

フランス語のプチレッスン
〜ステッチの参考に！〜

Mon Atelier　　　　わたしのアトリエ
モ・ナトリエ

La housse de machine à coudre
ミシンカバー チャート：P.57／作り方：P.116

味気ない最新型のハイテクミシンも、レトロテイストのミシンを刺しゅうした
カバーをかければ、すてきなお部屋のインテリアに！

La petite fille au coquelicot
女の子とポピーの花　チャート：P.58

フランス民謡の『ヒナゲシ』が、"男の子は花をむしるから嫌い、女の子はとてもやさしいから好き"と謳うように、愛しそうにヒナゲシを眺める女の子のモチーフは、幼いころ、野原でお花摘みをしたことを思い出させてくれます。

Le coquelicot　ヒナゲシ（ポピー）
（ル・コクリコ）
ケシ科ケシ属

　ふわりとやさしく揺れる花びらの、その牧歌的なたたずまいから、ヒナゲシは癒やしと安らぎの象徴。また、「はかない情熱」という花言葉もあります。

　フランスの野に咲く花の代表といえば、青いブルーベル（ヤグルマソウ）、白いマーガレット、そして赤いヒナゲシ。この3色は、フランス国旗のトリコロールを表します。またフランスでは、ヒナゲシは結婚8周年を祝う花とされ、この記念日は「ヒナゲシ婚式（noces de coquelicot）」と呼ばれます。

　20世紀になると、ヒナゲシは戦争の記憶と結びつけられるようになりました。戦争で荒れ果てた地に、赤いヒナゲシの花が咲き乱れたからです。とりわけ、イギリス連邦の国々では、第二次大戦の前線で亡くなった兵士の象徴とされ、11月の戦没者記念式典ではヒナゲシのバッジを胸につけて追悼します。

フランス語のプチレッスン
～ステッチの参考に！～

Joli Cœur（ジョリ・クール）　　　きれいな心

Oh le joli pavot!
美しいケシの花 チャート：P.59

ケシの花の中央に文字を配した大胆なモチーフ。色を最小限に抑えてデザインのおもしろさを活かし、この花のマジカルな特徴を際立たせています。

Le pavot　ケシ
（ル・パヴォ）
ケシ科ケシ属

　ケシ属は60種以上もの種類があり、ケシの実としてお菓子やパンなどに使われる食用種から、花をめでるための園芸種、アヘンの原材料となる種まであります。

　ケシの学名Papaverは、ラテン語の「papa（粥）」が語源。幼児を眠らせるため、お粥に催眠作用のあるケシの種を混ぜていたことに由来します。

　太古の昔から、ケシには催眠作用や鎮痛作用のあることが知られており、薬として医療に用いられてきました。紀元前3000年にはすでにシュメールの粘土板にその名を残し、"喜びをもたらす植物"と記されています。古代ギリシアでは、ケシは睡眠の象徴とされていました。

　フランスでは、ケシは永遠の眠りを象徴する花として知られ、キヅタとローリエとともに、墓石を飾るモチーフとしてよく使われます。ケシの花言葉が、休息、忘却、夢なのもうなずけます。

フランス語のプチレッスン
～ステッチの参考に！～

Oh la la!　　　あらら～！
（オー・ラ・ラ）

Un tendre bouquet de pivoines
たおやかなボタンの花束　チャート：P. 60

花びらが幾重にも重なったふくよかな花を咲かせるボタンは、クロスステッチ好きの心をくすぐるモチーフ。グレーの生地に刺しゅうすれば、ピンクとブルーのニュアンスが引き立ちます。

ラ・ピヴォワン
La pivoine　ボタン
ボタン科ボタン属

　ボタンの花は気高さと成功の象徴。原産地の中国ではその圧倒的な美しさから、"花の女王"として愛されてきました。多くの詩人がボタンの魅力を詠み、かの李白も楊貴妃の美しさをボタンの花に喩えています。

　フランスでこの花が知られるようになったのは、18世紀に入ってから。中国の皇帝が、ナポレオンの皇妃ジョゼフィーヌにさまざまなボタンの花を贈ったことがきっかけです。それ以来、多くの品種が栽培されるようになりました。

　幾重にも重なる花びらがおしみなさをイメージさせることから、ボタンは愛情と保護を表し、フランスでは5月の母の日に贈る花として人気があります。

　「ボタンのように真っ赤になる（rouge comme une pivoine）」という慣用句は、この花のもうひとつの花言葉、「恥じらい」を物語っています。

フランス語のプチレッスン
〜ステッチの参考に！〜

モン・シェール・エ・ターンドル
mon cher et tendre　　わたしの最愛の

$\mathcal{Q}$uelques brins de mimosa
ミモザの小枝　チャート：P.61

青く澄み渡ったコート・ダジュールの冬空を、ミモザの黄色いポンポンが彩ると、人々は春の予感にときめきます。そんなミモザの花をステッチすれば、うきうきした気持ちになるはず。

Le mimosa（ル・ミモザ）　ミモザ
マメ科アカシア属

　ミモザの花言葉は「どれほどあなたを愛しているか誰も知らない」。秘めた恋心を象徴しています。

　オーストラリア原産のミモザが、フランスで知られるようになったのは1880年ごろ。コート・ダジュールに冬の別荘を構えるイギリスの富裕層が、当時は植民地だったオーストラリアから持ち込んで、別荘の庭に植えるようになったのが始まりです。カンヌ近郊のボルム・レ・ミモザ村から海岸線を抜け、香水で有名なグラースまで続く130キロの道は「ミモザ街道」と呼ばれ、沿道の村々ではミモザ祭りが行われます。なかでもマンドリュー＝ラ＝ナプール村では、1931年より毎年ミモザ祭りが行われており、ミモザで飾られた山車のパレードや花合戦が盛大に行われ、何トンものミモザが使われるのだとか。

フランス語のプチレッスン
〜ステッチの参考に！〜

de Toi à Moi（ドゥ・トワ・ア・モワ）　あなたからわたしへ

Le cerisier en fleurs
サクラの花の満開のころ　チャート：P.62

ほのぼのムードに、ちょっとオリエンタルチックなアクセントが利いた、とびきりスイートなこのモチーフを刺しゅうして、タペストリーに仕上げてみましょう。玄関先に飾れば、お客さまもなごんでウエルカムの気持ちが伝わるはず。

Le cerisier（ル・スリジエ）　**サクラ**
バラ科サクラ属

　咲き始めると1週間で散ってしまうサクラは、はかない美しさの象徴で、純潔と精神美を意味します。
　パリ郊外にあるソー公園はサクラの名所として知られ、100本以上の八重桜が植えられています。毎年、サクラの季節には、多くの人が満開の樹の下でピクニックを愉しむ姿が。"HANAMI"と名づけた催しも行われ、和太鼓や阿波踊りなど、日本の伝統的な芸能も披露されます。また、ストラスブール郊外の、イル川沿いの欧州議会の議事堂のまわりには、日本から贈られた桜の木があります。
　サクラの花は、抹茶やユズに次いで、フランスのパティシエやショコラティエが注目する和素材のひとつ。サクラの花びらの入ったお茶や、塩漬けのサクラの花びらを使ったケーキやショコラがお目見えしています。

フランス語のプチレッスン
〜ステッチの参考に！〜

HOME Sweet HOME（英）（ホーム・スウィート・ホーム）　　我が家が一番

※この慣用句は、フランス語にはありません。
　あえて表現するなら「On est bien à la maison」（オン・ネ・ビアン・ア・ラ・メゾン）となります。

L'arbre généalogique
ファミリーツリー

チャート：P.63

野バラやマーガレットが彩る、個性的なお花のモチーフ。家族の名前を縫いつけた小さな生地を留めれば、オリジナルのファミリーツリーに。タペストリー風に仕上げて、お部屋のすてきなインテリアにいかが？

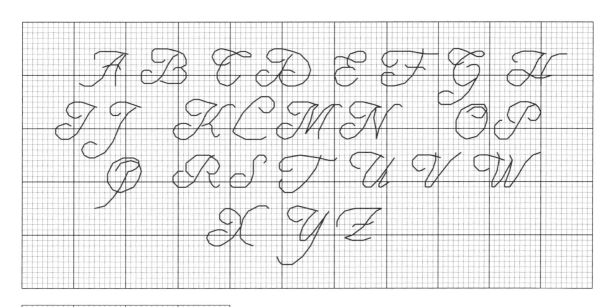

バックステッチ
— 646 （アルファベット筆記体と数字）

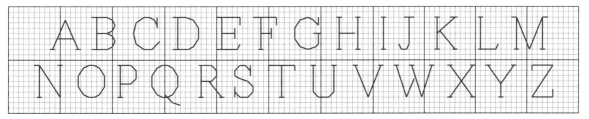

バックステッチ
— 938 （アルファベット）

Le cœur de lavande
ラベンダーのハート P.64 & 39（アルファベット）

ラベンダーのハートで、恋人たちの名前を祝福したこのモチーフは、お友達の婚約祝いや結婚祝いのプレゼントにぴったり。チャートのアルファベットと数字を組みあわせて、あなただけのオリジナルメッセージをつづっても。

La lavande　ラベンダー
ラ・ラヴァーンド
シソ科ラヴァンドラ属

　恋をすると、さまざまな不安や疑問が頭のなかをぐるぐる……。そんな"答えを教えて"という気持ちをラベンダーはあなたの代わりに表してくれます。けれど、ラベンダーの花束を親しい人に贈ると、やさしい愛のメッセージになるのです。

　南仏プロヴァンスでは、すでに中世の時代にラベンダーは香水の原料や薬として使われていました。19世紀から栽培が盛んになり、いまでは世界屈指のラベンダー生産地です。

　ラベンダーの効能にまつわる逸話に、興味深いエピソードがあります。中世の時代にトゥールーズでペストが大流行した際に、4人の泥棒が、民家や墓を荒らしまわりました。多くの人がペストの犠牲になるなか、この泥棒たちは感染することもなくピンピンしていたのです。やがて逮捕された泥棒たちは、警察でその秘密を打ち明けました。仕事に行く前には必ず、ラベンダーを漬けた酢を体に塗っていたというのです。

フランス語のプチレッスン
〜ステッチの参考に！〜

Georges et Suzie　ジョルジュとスージー
ジョルジュ・エ・スージー

Les cartes postales
ポストカード チャート：P.65〜67

シンプルなメッセージほどグッとくるもの。小さなメッセージを刺しゅうして、素直な気持ちをダイレクトに伝えて。刺しゅうした生地の裏側に接着芯を貼り、バックステッチのラインに沿って余分な生地を裏に折り、糸でかがれば完成。

フランス語のプチレッスン
～ステッチの参考に！～

メルシー Merci	ありがとう
ウィ Oui!	はい！
エーム・モワ aime moi	わたしを愛して
プール・トゥージュール pour toujours	（これからも）ずっと
ユヌ・パンセ une pensée	パンジーの花

La couronne de chèvrefeuille
スイカズラの花冠　チャート：P. 68

スイカズラの花の蜜は、妖精たちの大好物。このフェアリー感あるお花の冠を刺しゅうすれば、ジャスミンのような甘い香りがただよってきそう。

Le chèvrefeuille　スイカズラ
ル・シェーヴルフイユ
スイカズラ科スイカズラ属

　スイカズラの花言葉は、「恋人たちの変わらぬ愛の絆を揺るぎないものにする」。つまり永遠の愛の象徴です。スイカズラはまた、純真無垢と貞節を表します。ブルターニュ地方ではかつて、若い娘は純潔のあかしに、求婚者の家のドアの前にスイカズラの花束を置くというしきたりがありました。

　フランスでは、スイカズラは「ヤギの葉（chèvrefeuille）」と呼ばれます。これは、ヤギがこの植物の葉が好きだからとも、あるいはスイカズラの蔓が上を目指して伸びる様子が、ヤギの姿を連想させるからともいわれています。

　フランスの古い言い伝えでは、スイカズラが家の前に自然と生えたら、その場所は神に祝福されたのだと信じられていました。けれど、もしそのスイカズラが弱ったら、その場所から去った方がいいといわれていたのです。

フランス語のプチレッスン
〜ステッチの参考に！〜

jour de chance　　　幸運の日
ジュール・ドゥ・シャンス

Les mini bouquets
ミニブーケ　チャート：P.69

パンジー、ヒナギク、ヤグルマギク、わすれな草、ライラック……。
フラワーベースに挿した小さな花たちが、ロマンティックな夢をささやきます。

La marguerite　マーガレット
（ラ・マルグリット）
キク科モクシュンギク属

　好き、嫌い、好き……。花びらを一枚一枚、むしって占う花占い。少女のころにやったことがある人も多いのでは？ フランスでは、白のマーガレットで小さな恋を占います。「マーガレットの花むしり（effeuiller la marguerite）」と呼ばれ、一枚一枚、花びらをむしっていくのは同じ。けれど、フランスバージョンは、好きか嫌いの2択ではありません。「少し好き」「たくさん好き」「熱烈に好き」「狂おしいほど好き」と、お相手の愛情の深さを占うのです。なぜ花占いにマーガレットを使うかといえば、この花が愛情の象徴で、真実の愛、誠実な愛を意味するから。

　1841年にパリのオペラ座で初演されたバレエ『ジゼル』は、貴族アルブレヒトと村娘ジゼルの悲しい恋の物語。このバレエのなかでも、ジゼルと恋人のアルブレヒトがマーガレットで花占いをするシーンがあります。

フランス語のプチレッスン
～ステッチの参考に！～

un peu（アン・プ）	少し
beaucoup（ボクー）	たくさん
passionnément（パショネモン）	熱烈に
à la folie（ア・ラ・フォリ）	狂おしいほど

L'abécédaire aux fleurs sauvages
野生の花々でつづるアルファベット　チャート：P.70 & 71

A〜Zまでのアルファベットを刺しゅうすれば、見事な大作に。
名前やイニシャルでポイント使いしたり、アルファベットを組みあわせてメッセージを刺しても。

A B C D E F G

H I J K L M N

O P Q R S T U

V W X Y Z

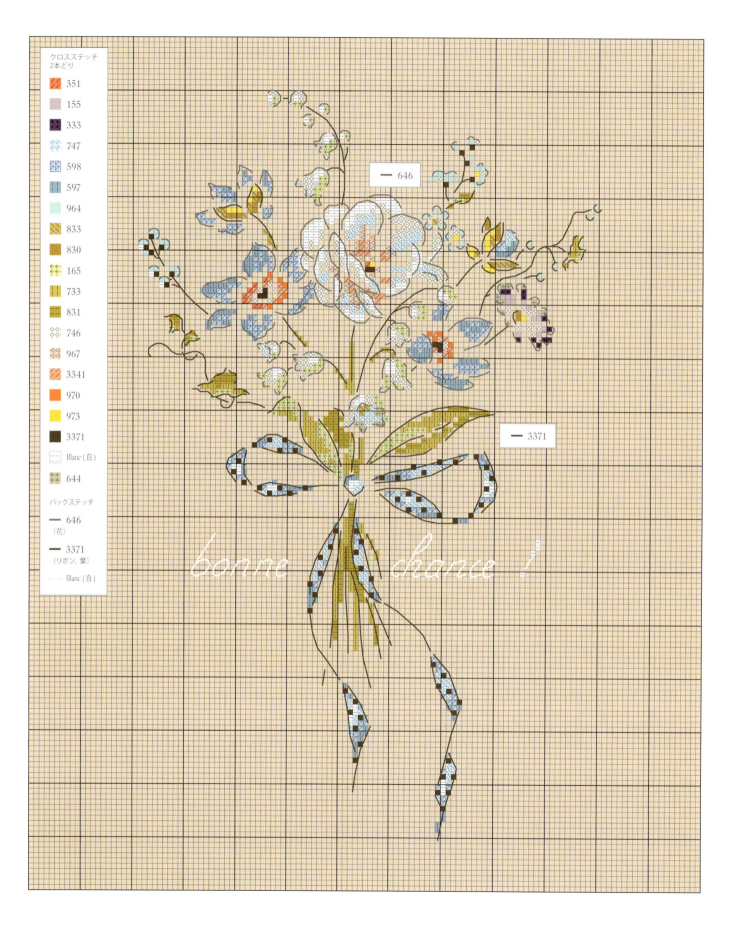

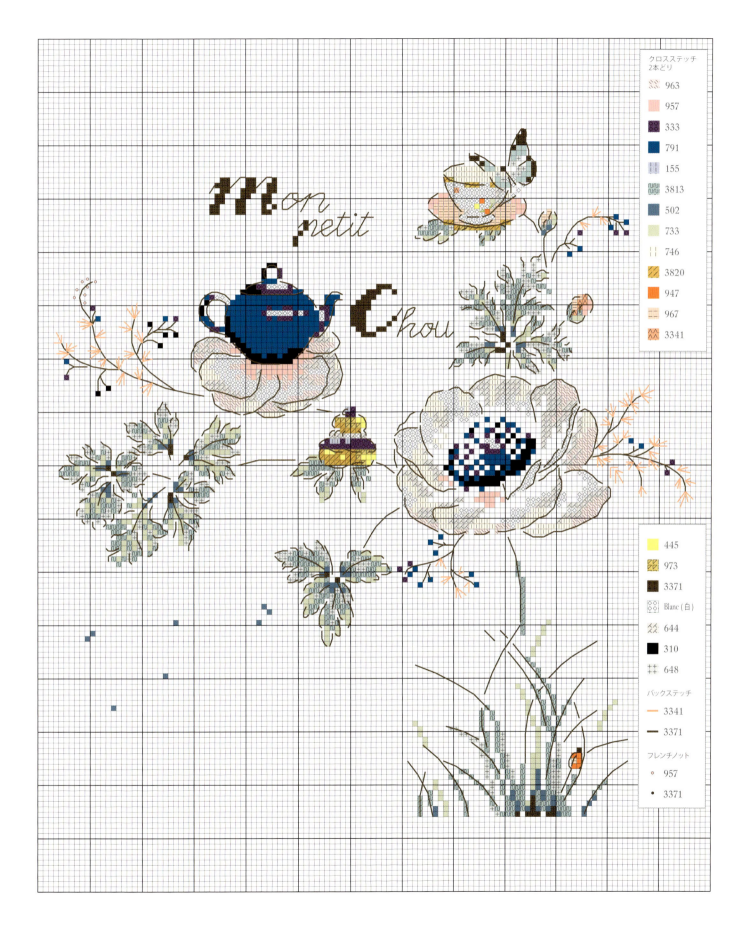

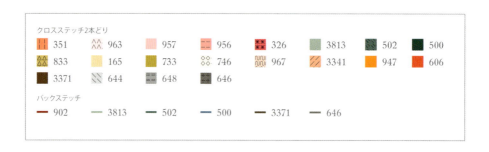

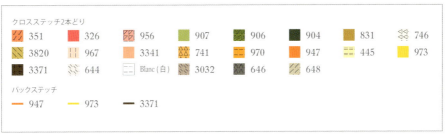

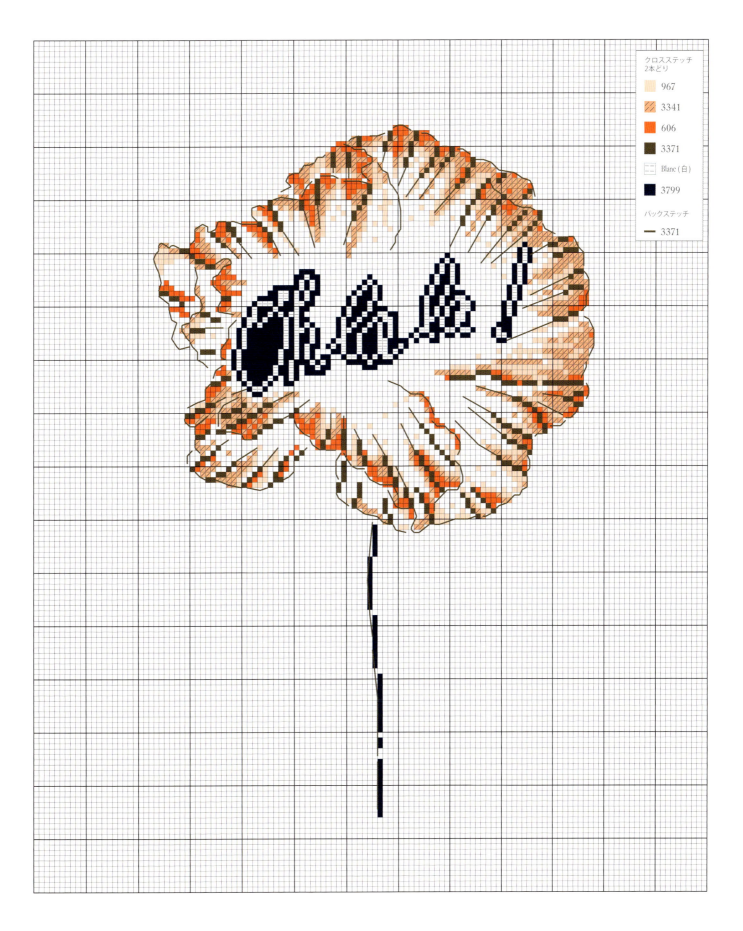

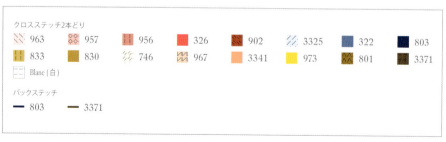

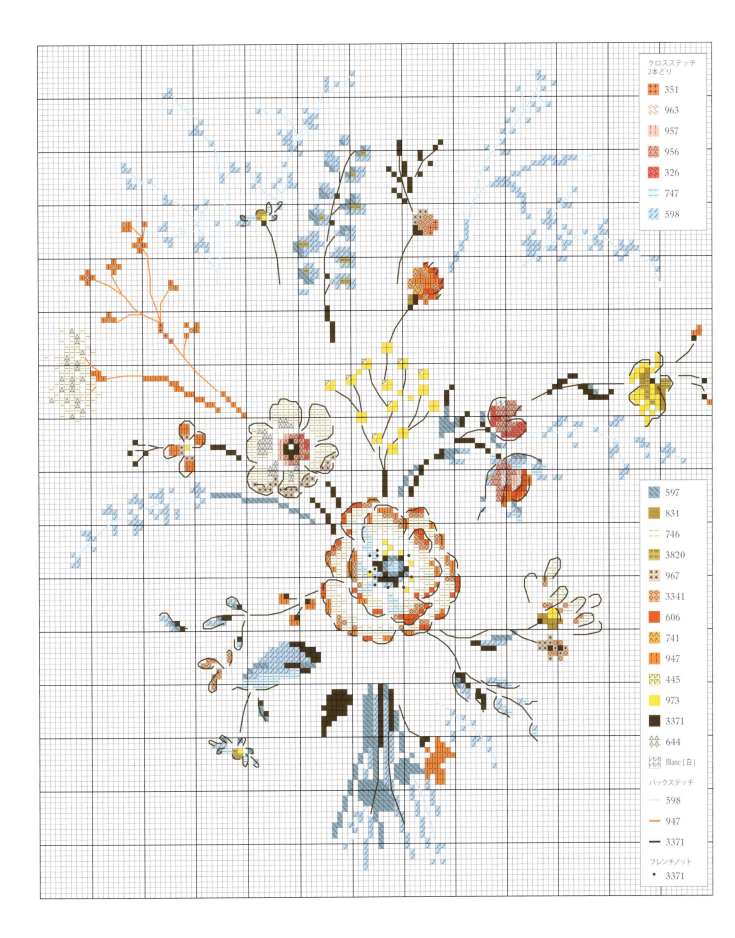

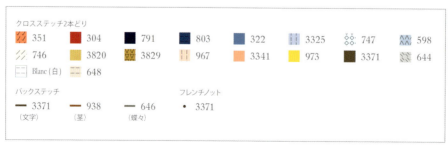

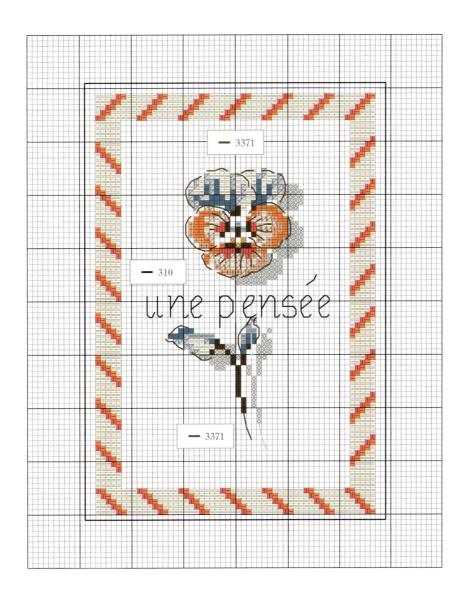

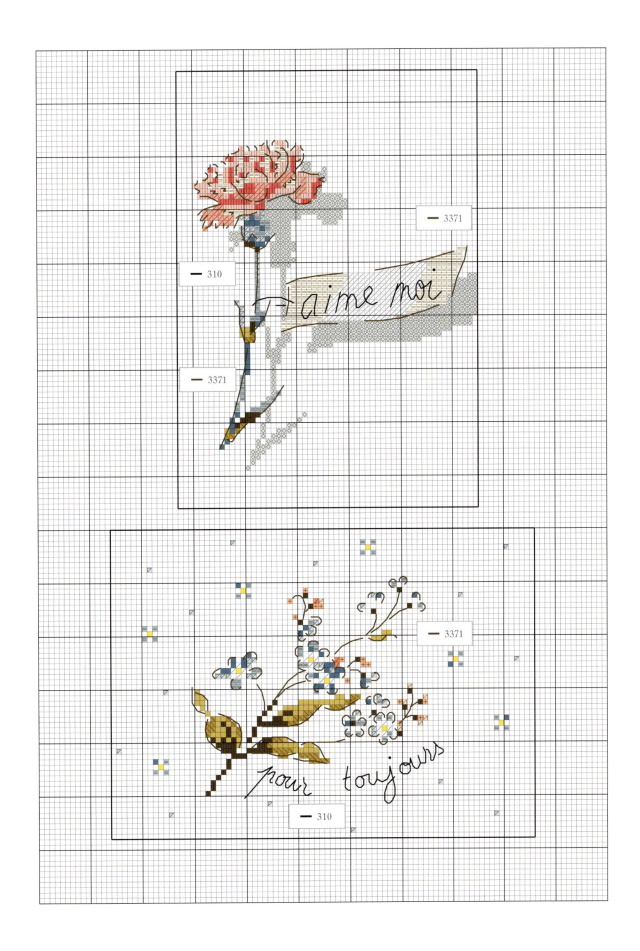

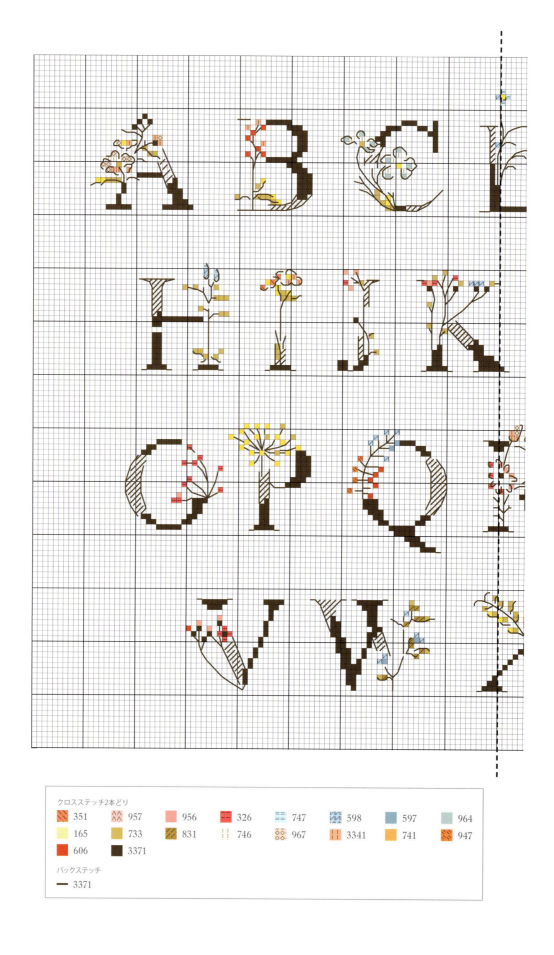

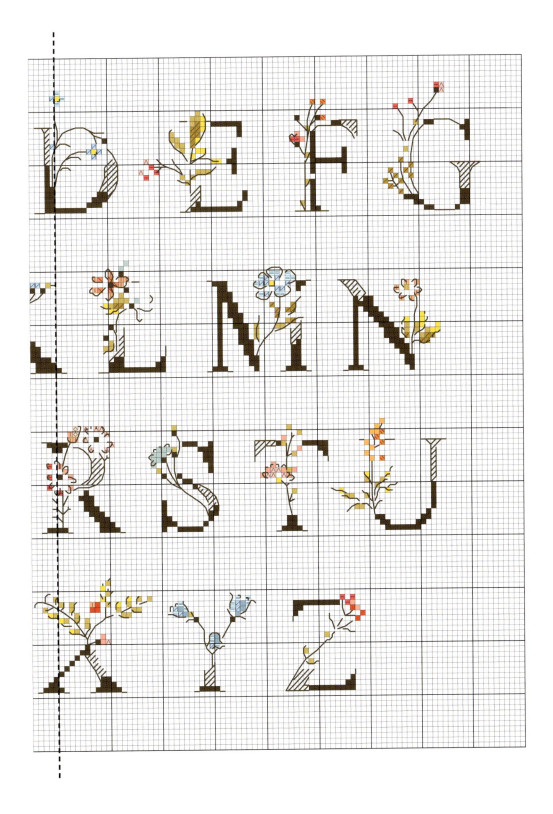

71

Rêve de douceur
甘い夢

エキゾチックが大好きなフランスでは、アラブ菓子の"鳥の巣(nid d'oiseau)"もおなじみです。カダイフという糸状の生地を、鳥の巣に見立ててぐるぐると巻き、真ん中にナッツをのせ、バターを塗ってオーブンへ。焼きあがったら、シロップやハチミツに浸してできあがり。小鳥たちも甘い誘惑にはあらがえないはず！

La cage dorée
黄金の鳥かご

フランスには、「鳥を養うのは美しい鳥かごではない（La belle cage ne nourrit pas l'oiseau.）」ということわざがあります。これは、お屋敷にいても食べる足しにはならないというたとえ。つまり、"花より団子"のフランス版。でも、こんな黄金の鳥かごなら、すてきな夢が見られそう。

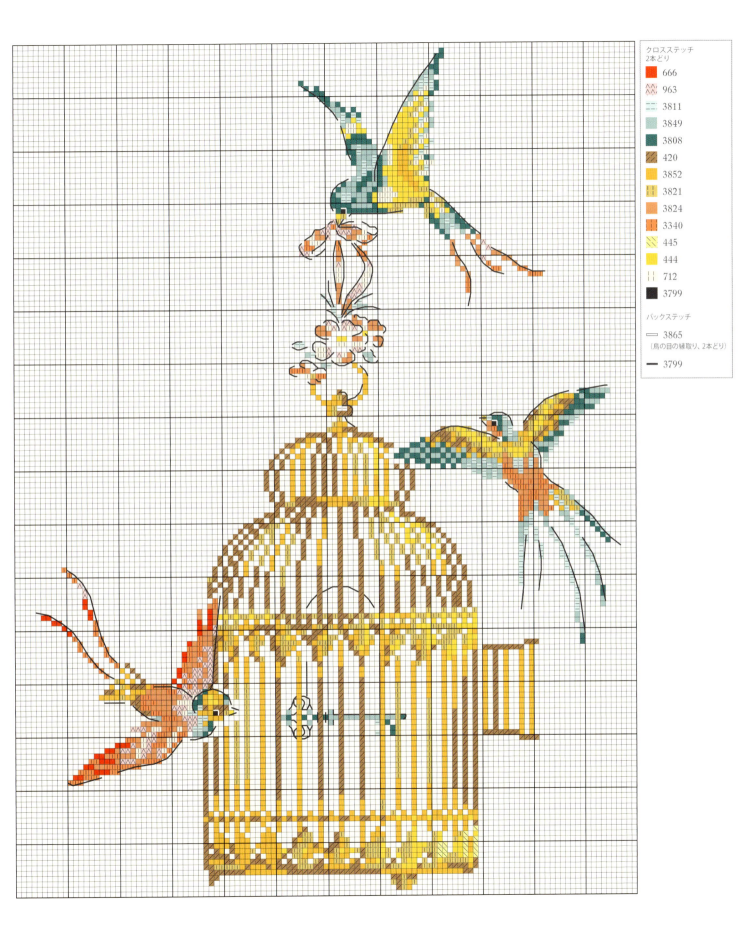

La rose
バラと小鳥

オスカー・ワイルドの童話『ナイチンゲールとバラ』では、貧しい青年に恋をしたナイチンゲールが、青年にバラを贈ろうとして、バラの棘に刺されて命を落とすという悲しいお話です。けれど本来、ナイチンゲールは春の訪れを告げる鳥として知られ、愛の象徴でもあるのです。このモチーフの青い鳥、フランスで"瑠璃色のナイチンゲール（rossignol bleu）"と呼ばれるコルリも、バラの枝に留まって幸せそうに歌っています。

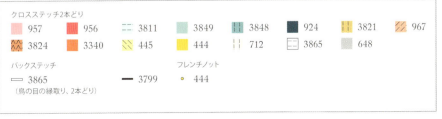

La conversation
おしゃべりな小鳥たち

ヨーロッパコマドリのさえずりで、フランスの春は目覚めます。日本ではさえずりがとくに美しいウグイス、オオルリ、コマドリを"三鳴鳥(さんめいちょう)"と呼びますが、フランスでは、カラスのように真っ黒なクロウタドリ、西洋のウグイスと称されるナイチンゲール、そしてヨーロッパコマドリが、その美しい歌声で知られています。

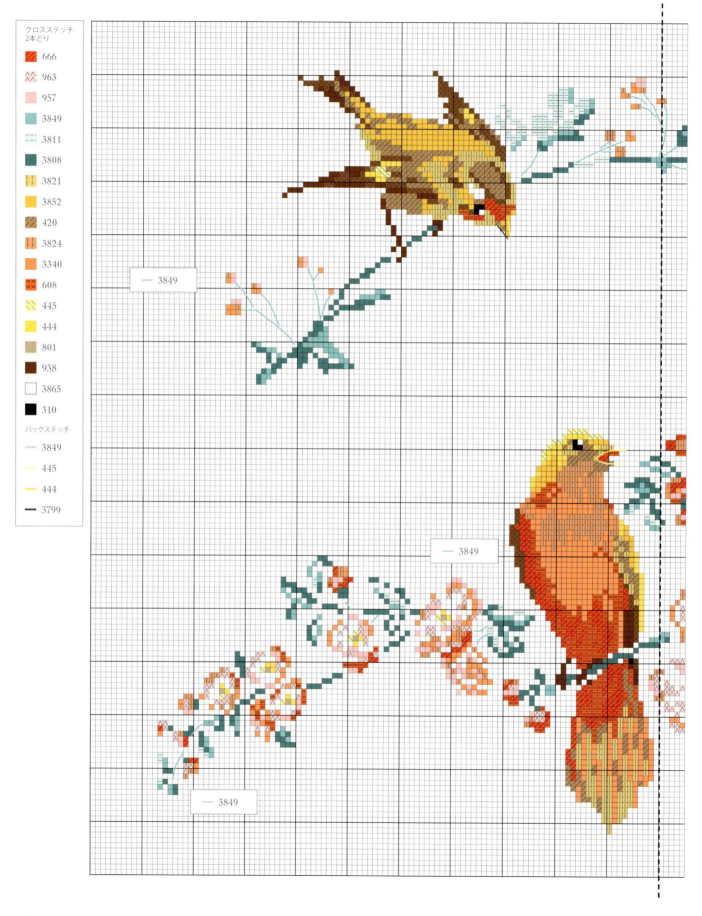

81

La mangeoire
少女と小鳥たち

鳥たちとお友達になりたくて、エサ台を庭やベランダに作ったことがある人もいるでしょう。フランス人はDIY（日曜大工）が大好き。壁の色の塗り替えや、棚づくりなどの簡単な模様替えから、キッチンやバスルームの大掛かりなリノベーションを自分でやってしまう人も。フランスの小学校では、子どもたちが初めてのDIYでエサ台を作るのが定番です。

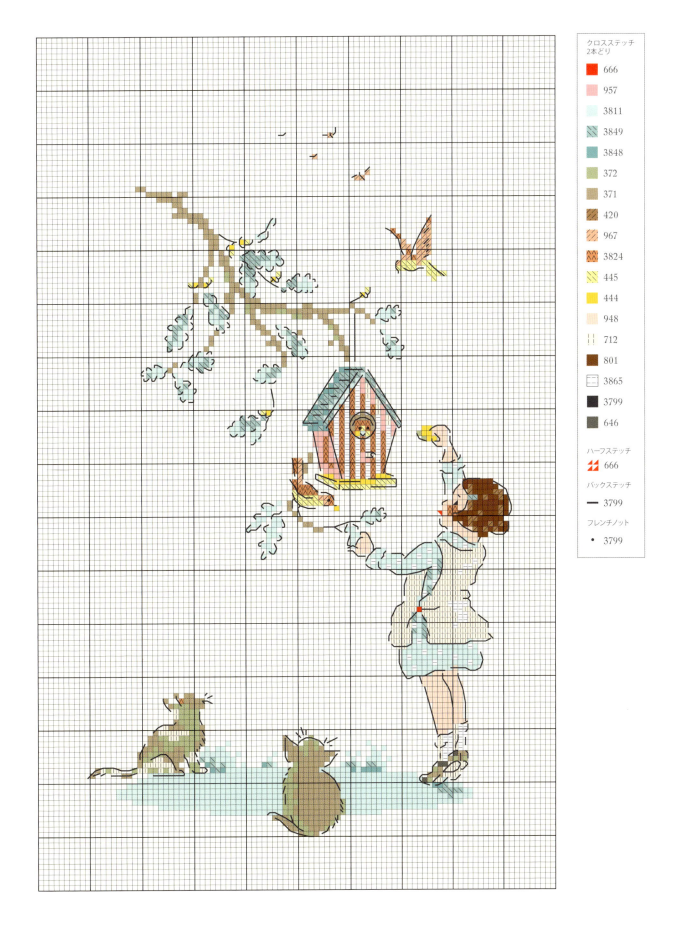

La couronne
お花の冠と小鳥

春になると、花の蜜を求めてさまざまな鳥がやってきます。世界で一番小さな鳥として知られるハチドリは、南米に生息する鳥で、その名のとおりハチほどの大きさしかありません。主食は花蜜で、ホバリングしながら花の中に細長いくちばしをさしこんで蜜を吸います。

Le nichoir
鳥たちのおうち

復活祭から7週後の日曜日は、パントコート（Pentecôte／聖霊降臨祭）と呼ばれる聖なる日。イエスが復活して昇天した後、祈りをささげていた使徒たちのもとに、聖霊が降ってきたという出来事に由来しています。南仏ではこの日に、「コロンビエ（colombier／鳩小屋）」というお菓子を食べる習慣があります。アーモンド風味の生地に、オレンジやメロンの砂糖漬けを混ぜ込んで焼き、表面をアプリコットジャムで覆ったお菓子で、中には鳩のモチーフのオブジェがしのばせてあります。この鳩を引き当てた人は、1年以内に結婚できるのだとか。

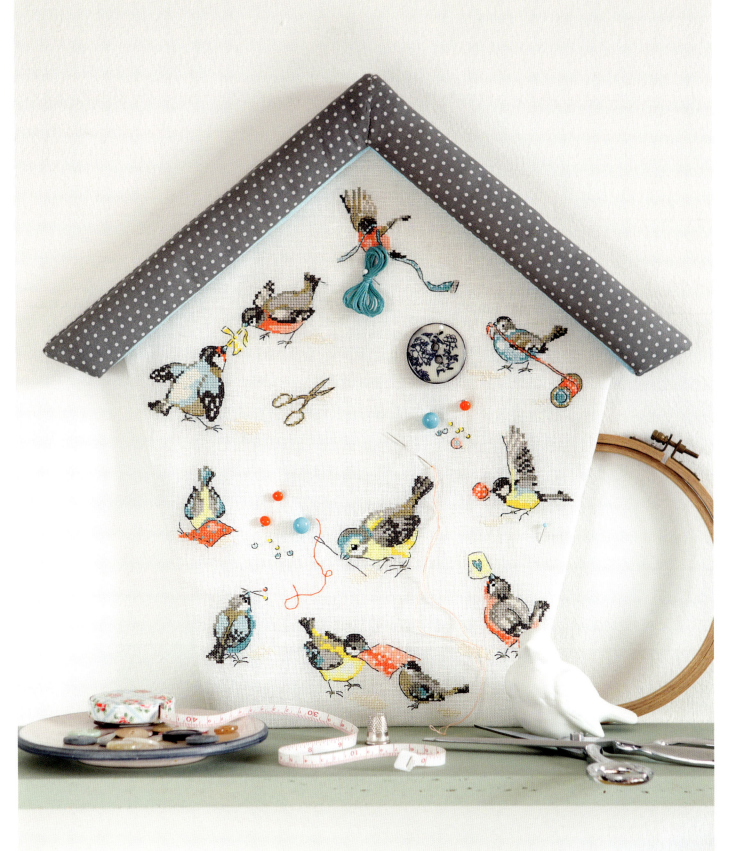

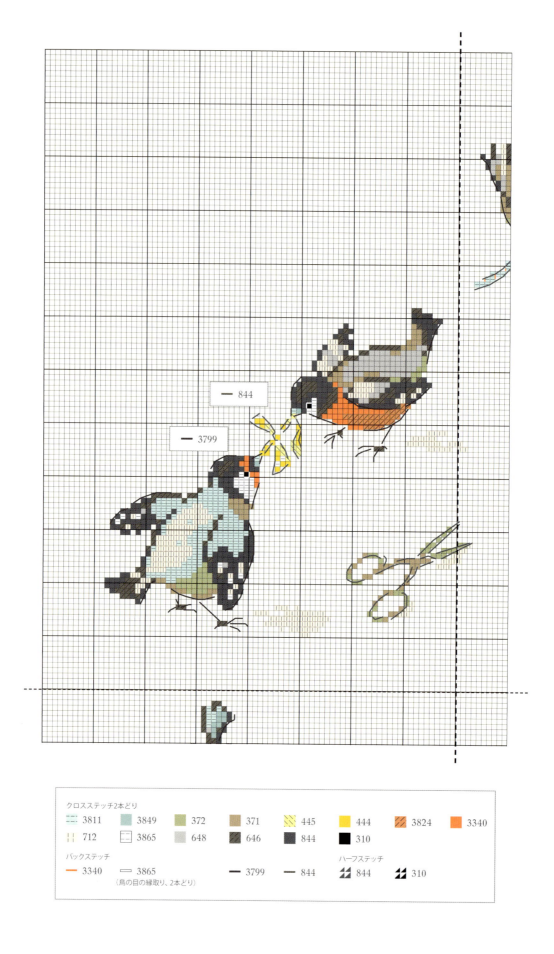

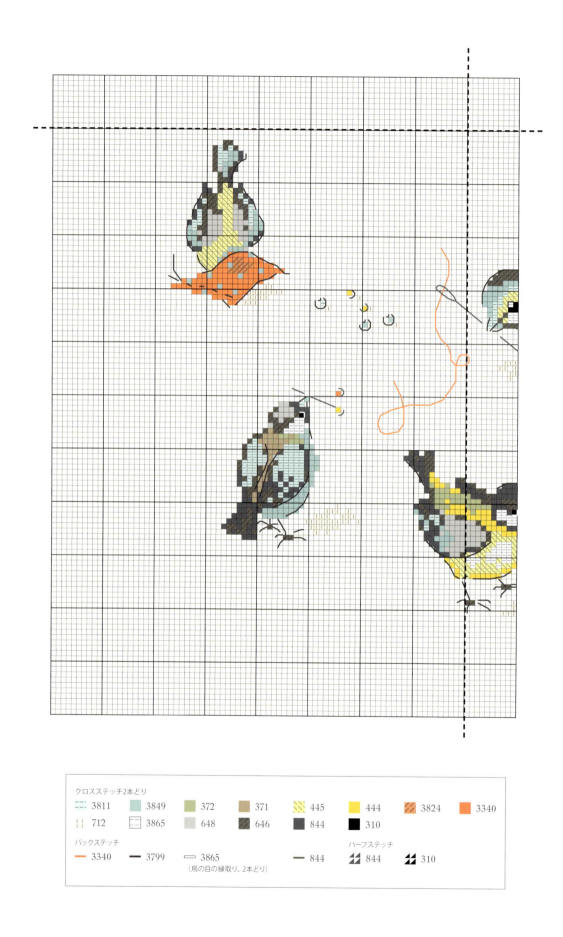

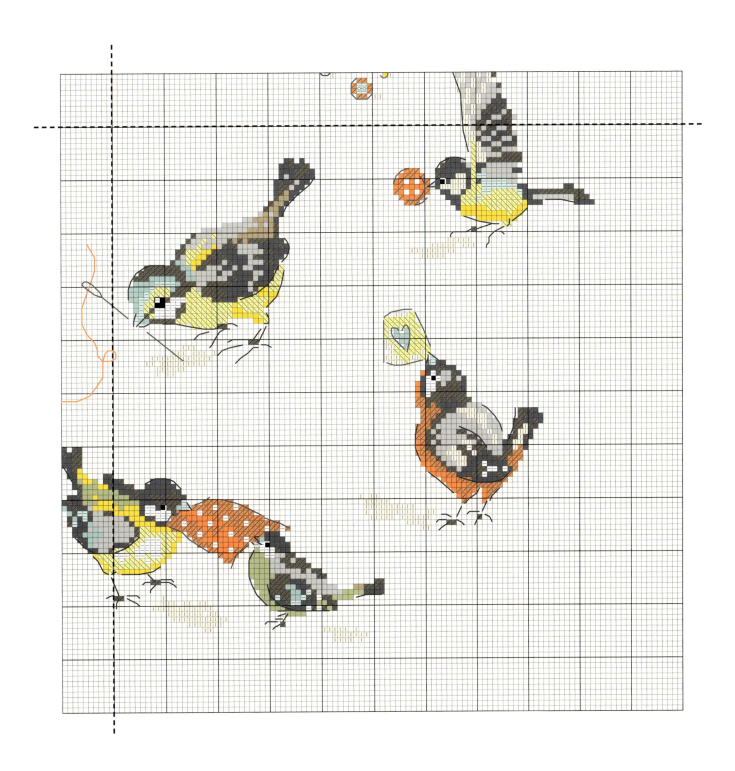

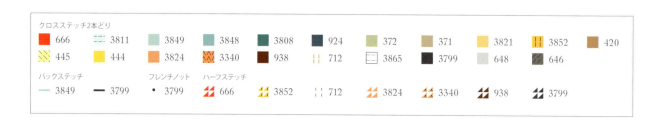

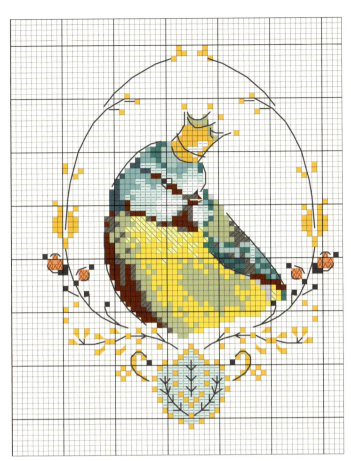

Portraits
鳥たちのポートレイト

フランス中部のル・ピュイ＝アン・ヴレでは、毎年9月に「鳥の王さまのお祭り（Fête du Roi de l'Oiseau）」が開催されます。中世をテーマにしたお祭りで、時代的な衣装に身を包んだ人たちのパレードや踊り、音楽、演劇など、さまざまなイベントが行われます。なかでも目玉はアーチェリー大会。シャルル5世（1338-1380年）の時代に始まった、"射抜き鳥"という布の鳥を的にした競技を受け継いでいます。

Neuf oiseaux
フランスの野鳥たち

フランスでよく見かける小さな野鳥たちを、
ステッチで図鑑に仕上げて。

- カケス（カラス科カケス属）：頭は白＆黒のまだらで、翼の一部に青＆白の細い縞模様。
- アオガラ（シジュウカラ科）：頭部から翼にかけて青＆緑、腹部は緑がかった黄色。
- ズアオアトリ（アトリ科）：頭から首にかけては青灰色で、顔から腹にかけては茶色。
- ゴシキヒワ（アトリ科）：顔の中心が赤いのが印象的で、翼の一部には鮮やかな黄色。
- イエスズメ（スズメ科）：全体的に茶色のグラデーション。頭頂にぽつんと灰色の部分。
- アオカワラヒワ（アトリ科）：全体的にオリーブ色で、尾や翼の一部に黄色い部分。
- マヒワ（アトリ科カワラヒワ属）：黒と鮮やかな黄色が、モダンに入り混じっている。
- ヨーロッパコマドリ（ヒタキ科）：顔から胸はオレンジ色で、ほかの部分はグレー。
- エナガ（エナガ科エナガ属）：小さなくちばしと、黒く長い尾羽が特徴。

フランス語のプチレッスン
～ステッチの参考に！～

ジェ・デ・シェンヌ geai des chêne	カケス（直訳：カシの木のカケス）
メザーンジュ・ブルー Mésange bleue	アオガラ（直訳：青いシジュウカラ）
パンソン・デ・ザルブル Pinson des arbres	ズアオアトリ（直訳：樹々のアトリ）
シャルドンレ・エレガン Chardonneret élégant	ゴシキヒワ（直訳：エレガントなヒワ）
モワノー・ドメスティック Moineau domestique	イエスズメ（直訳：家のスズメ）
ヴェルディエ・デューロップ Verdier d'Europe	アオカワラヒワ（直訳：ヨーロッパのカワラヒワ）
タラン・デ・ゾーヌ Tarin des aulnes	マヒワ（直訳：ハンノキのマヒワ）
ルージュ・ゴルジュ・ファミリエ Rouge gorge familier	ヨーロッパコマドリ（直訳：一般的な喉赤）
メザーンジュ・ア・ローング・クー Mésange à longue queue	エナガ（直訳：尾の長いシジュウカラ）

Le nid
鳥の巣

フランスでは冬のノエル（noël／クリスマス）と並び、春のパック（pâque／復活祭）は一大イベント。この日はイエス・キリストが復活した日とされ、卵のかたちをしたチョコレートが、お菓子屋さんやパン屋さんの店頭を飾ります。なぜ卵かというと、殻を破って生まれてくる新たな命が、復活をイメージさせるからです。

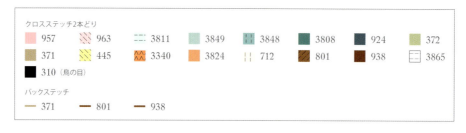

L'oiseau aux cerises
さくらんぼと小鳥

さくらんぼ（セイヨウミザクラ）は、フランスでは"鳥のサクラ（cerisier des oiseaux）"と呼ばれます。鳥たちの大好物ですから！ さくらんぼは世界中で1000以上も種類があるといわれていますが、フランスの代表的なさくらんぼは、生食ならスイートチェリーのビガロー種。グリオット種はサワーチェリーの一種で、お菓子やジャムの材料に使われます。

アルファベット（P.104とP.106のクッションに使用。自由に組み合わせましょう。）

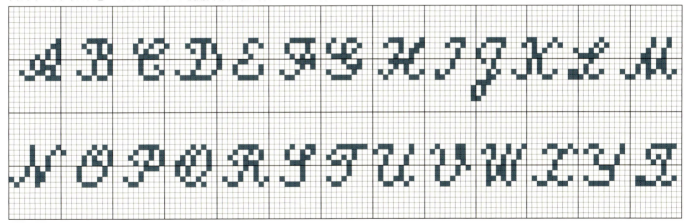

103

Les amoureux
青い鳥の恋人たち

フランスにおける妖精文学の第一人者、オーノワ夫人は1697年に『青い鳥』の物語を発表しました。これは青い鳥に姿を変えられてしまっても、フロリナ姫への愛を貫く王子さまのお話です。バレエ『眠れる森の美女』の第三幕に登場するブルーバードは、この青い鳥がもとになっています。

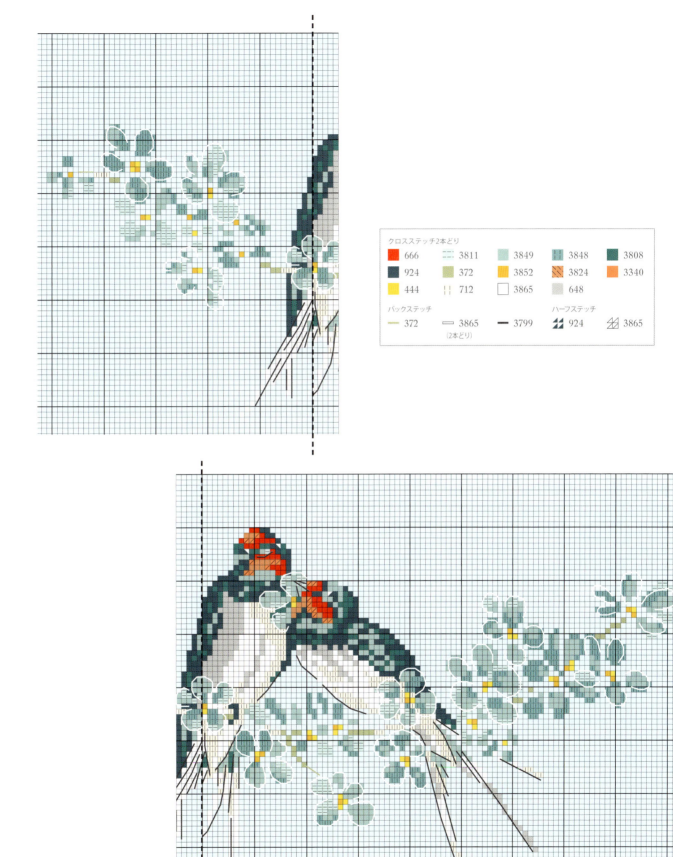

Hirondelles messangères
幸福のメッセンジャー

ツバメは自由と幸福のシンボル。さらに、"再生"を意味します。ツバメが到来すると春も本番、自然は息吹を取り戻すからです。

フランスで"ツバメの草（l'herbe des hirondelles）"とも呼ばれるクサノオウは、古くから薬草として使われてきました。なぜツバメかといえば、ツバメがヒナの目にクサノオウの葉の汁を塗って、目が見えるようにしたと古代ギリシャ人は信じていたからです。

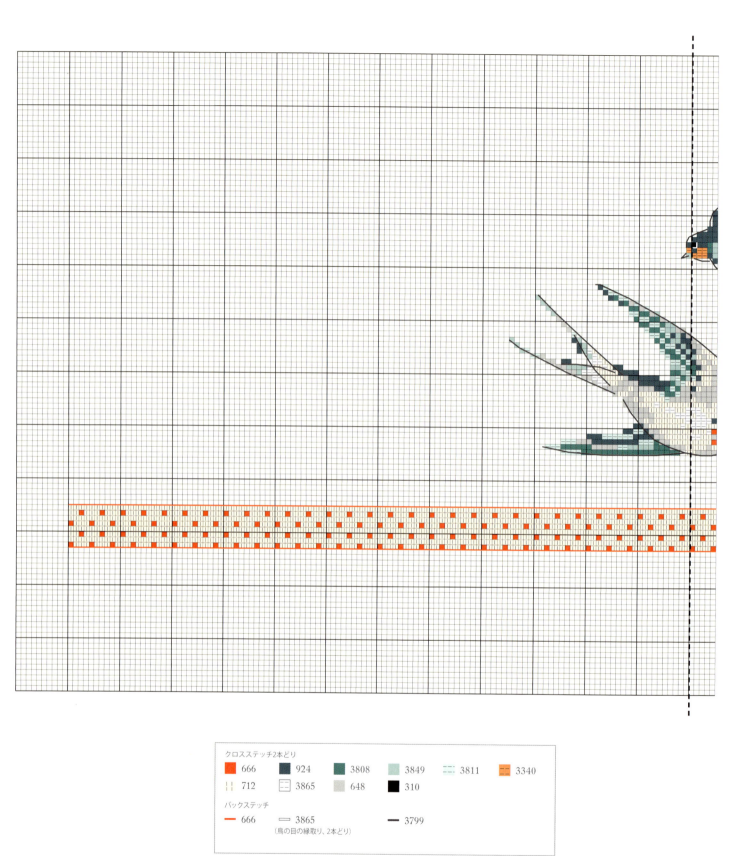

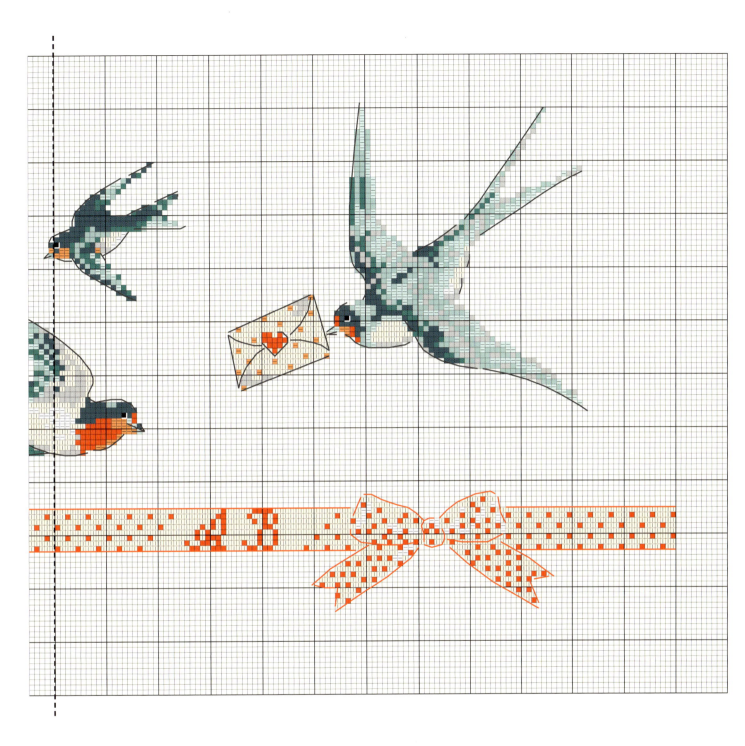

En hiver
冬の小鳥たち

鳥にとって、冬はエサが見つけにくい厳しい季節。お庭にエサ台を設け、穀物や種、小さくまるめたバターを置いてあげましょう。水飲み場も忘れずに。鳥たちは、水浴びをして羽を洗うのが大好きですから。

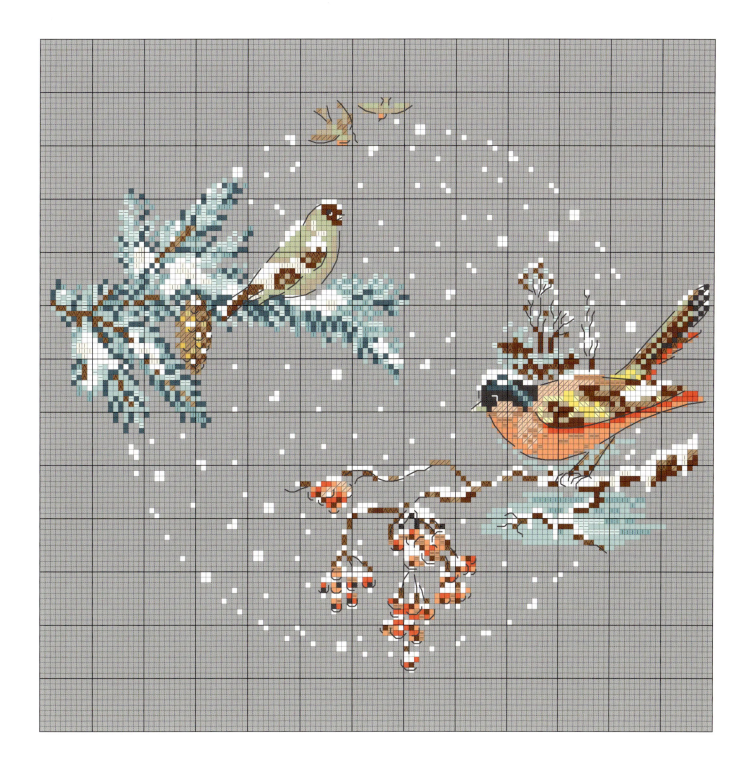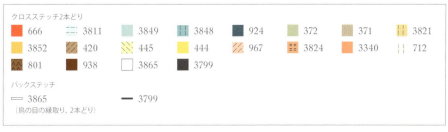

刺しゅうの出来上がりサイズと目数について

ステッチを始める前に

・布を選んだら、後に述べる方法で図案の出来上がりサイズを割り出し、布をカットします。図案のモチーフをステッチしやすいように、余裕を持たせましょう。また、額に入れる場合や、縫い合わせて作品に仕上げる場合は、モチーフの周りに余白を持たせることも忘れずに。

・布をカットしたら、ほつれ防止のために縁をかがる。

・布を4つ折りにして中心を見つける。大きなタペストリーなど複雑な図案をステッチする場合は、縦と横の中心線をしつけ糸で縫っておけば目印となり、ステッチが刺しやすくなります（ステッチが仕上がったらしつけ糸は取り除くので、きつく刺しすぎないこと）。

チャート

チャートは小さな方眼状になっていて、それぞれのマス目の色は、ステッチに使う糸の色と対応しています。各色の番号は、DMCの刺しゅう糸に対応しています。

チャートをカラーコピーで拡大すれば、見やすくなって、作業がはかどるでしょう。

カウントについて

「Counted」の略で、「ct」と表記し、1インチ（2.54cm）の中に布目が何目あるのかをいいます。例えば、11ctは、1インチに11目あるという意味で、カウント数が増えるにしたがって目は細かくなっていきます。

出来上がりサイズ

出来上がりサイズは、使う布の目数によって変わってきます。1cmあたりの目数が多ければ多いほど、ステッチの数は多くなり、モチーフは小さくなります。出来上がりが何cmになるかを割り出すには、次の方法にしたがって計算してください。

1. 布1cmあたりの目数を、何目ごとにステッチするかで割り、1cmあたりのステッチの数を割り出します。

例）1cm＝11目の布に2目刺しする場合、ステッチは1cmあたり5.5目（11目÷2目ごと）。

2. チャートのステッチ数（幅＆高さのマス目の数）を数え、その数を5.5で割れば、出来上がりサイズが割り出せます。

例）：250目（幅）×250目（高さ）の場合

幅：250÷5.5＝約45cm

高さ：250÷5.5＝約45cm

カウントについて

以下は、布の目数とステッチの目数の換算表です。図案の出来上がりサイズを割り出すのに参考にしてください。

布の目数	1cmあたりのクロスステッチの数（2目刺しの場合）	カウント
エタミン		
1cm＝5目	2.5目	13ct
1cm＝10目	5目	25ct
1cm＝11目	5.5目	28ct
リネン		
1cm＝5目	2.5目	13ct
1cm＝10目	5目	25ct
1cm＝11目	5.5目	28ct

本書では、「ハーフクロスステッチ」を「ハーフステッチ」と表記しています。「ハーフステッチ」は2本どり、「バックステッチ」は1本どりで刺しゅうしています。糸の本数について別な指定がある場合は、各チャートに明記しています。

目数と出来上がりサイズ早見表

この表で、リネン（麻布）の織り糸2本を1目としたとき（2目刺し）とアイーダの刺しゅうの出来上がりサイズがわかります。例えば、1cmあたり織り糸が10本のリネンを使う場合、10目刺した時の刺しゅうサイズは2cmとなります。1cmあたり5.5ブロック（14ct）のアイーダを使う場合、11目刺した時の刺しゅうサイズは2cmとなります。

	布の表示	13ct	14ct	16ct	18ct	20ct
アイーダ	ブロック/in	13	14	16	18	20
	ブロック/cm	5	5.5	6.3	7	8
	目/cm	5	5.5	6.3	7	8
	布の表示	25ct	28ct	32ct	36ct	40ct
リネン	織り糸本/in	25	28	32	36	40
	織り糸本/cm	10	11	12.6	14	16
	目/cm	5	5.5	6.3	7	8

〈目数〉

目数	13ct	14ct	16ct	18ct	20ct
5	1				
6	1.2	1.1	1		
7	1.4	1.3	1.1	1	
8	1.6	1.5	1.3	1.1	1
9	1.8	1.6	1.4	1.3	1.1
10	2	1.8	1.6	1.4	1.3
11	2.2	2	1.7	1.6	1.4
12	2.4	2.2	1.9	1.7	1.5
13	2.6	2.4	2.1	1.9	1.6
14	2.8	2.5	2.2	2	1.8
15	3	2.7	2.4	2.1	1.9
16	3.2	2.9	2.5	2.3	2
17	3.4	3.1	2.7	2.4	2.1
18	3.6	3.3	2.9	2.6	2.3
19	3.8	3.5	3	2.7	2.4
20	4	3.6	3.2	2.9	2.5
21	4.2	3.8	3.3	3	2.6
22	4.4	4	3.5	3.1	2.8
23	4.6	4.2	3.7	3.3	2.9
24	4.8	4.4	3.8	3.4	3
25	5	4.5	4	3.6	3.1
26	5.2	4.7	4.1	3.7	3.3
27	5.4	4.9	4.3	3.9	3.4
28	5.6	5.1	4.4	4	3.5
29	5.8	5.3	4.6	4.1	3.6
30	6	5.5	4.8	4.3	3.8
31	6.2	5.6	4.9	4.4	3.9
32	6.4	5.8	5.1	4.6	4
33	6.6	6	5.2	4.7	4.1
34	6.8	6.2	5.4	4.9	4.3
35	7	6.4	5.6	5	4.4
36	7.2	6.5	5.7	5.1	4.5
37	7.4	6.7	5.9	5.3	4.6
38	7.6	6.9	6	5.4	4.8
39	7.8	7.1	6.2	5.6	4.9
40	8	7.3	6.3	5.7	5
41	8.2	7.5	6.5	5.9	5.1
42	8.4	7.6	6.7	6	5.3
43	8.6	7.8	6.8	6.1	5.4
44	8.8	8	7	6.3	5.5
45	9	8.2	7.1	6.4	5.6
46	9.2	8.4	7.3	6.6	5.8
47	9.4	8.5	7.5	6.7	5.9
48	9.6	8.7	7.6	6.9	6
49	9.8	8.9	7.8	7	6.1
50	10	9.1	7.9	7.1	6.3
51	10.2	9.3	8.1	7.3	6.4
52	10.4	9.5	8.3	7.4	6.5
53	10.6	9.6	8.4	7.6	6.6
54	10.8	9.8	8.6	7.7	6.8
55	11	10	8.7	7.9	6.9
56	11.2	10.2	8.9	8	7
57	11.4	10.4	9	8.1	7.1
58	11.6	10.5	9.2	8.3	7.3
59	11.8	10.7	9.4	8.4	7.4
60	12	10.9	9.5	8.6	7.5
61	12.2	11.1	9.7	8.7	7.6
62	12.4	11.3	9.8	8.9	7.8
63	12.6	11.5	10	9.0	7.9
64	12.8	11.6	10.2	9.1	8
65	13	11.8	10.3	9.3	8.1
66	13.2	12	10.5	9.4	8.3
67	13.4	12.2	10.6	9.6	8.4
68	13.6	12.4	10.8	9.7	8.5
69	13.8	12.5	11	9.9	8.6
70	14	12.7	11.1	10	8.8
71	14.2	12.9	11.3	10.1	8.9
72	14.4	13.1	11.4	10.3	9
73	14.6	13.3	11.6	10.4	9.1
74	14.8	13.5	11.7	10.6	9.3
75	15	13.6	11.9	10.7	9.4
76	15.2	13.8	12.1	10.9	9.5
77	15.4	14	12.2	11	9.6
78	15.6	14.2	12.4	11.1	9.8
79	15.8	14.4	12.5	11.3	9.9
80	16	14.5	12.7	11.4	10
81	16.2	14.7	12.9	11.6	10.1
82	16.4	14.9	13	11.7	10.3
83	16.6	15.1	13.2	11.9	10.4
84	16.8	15.3	13.3	12	10.5

1インチ（inch、記号：in）は25.4ミリメートル

	布の表示	13ct	14ct	16ct	18ct	20ct
アイーダ	ブロック/in	13	14	16	18	20
	ブロック/cm	5	5.5	6.3	7	8
	目/cm	5	5.5	6.3	7	8
	布の表示	25ct	28ct	32ct	36ct	40ct
リネン	織り糸本/in	25	28	32	36	40
	織り糸本/cm	10	11	12.6	14	16
	目/cm	5	5.5	6.3	7	8

〈目数〉

目数	13ct	14ct	16ct	18ct	20ct
85	17	15.5	13.5	12.1	10.6
86	17.2	15.6	13.7	12.3	10.8
87	17.4	15.8	13.8	12.4	10.9
88	17.6	16	14	12.6	11
89	17.8	16.2	14.1	12.7	11.1
90	18	16.4	14.3	12.9	11.3
91	18.2	16.5	14.4	13	11.4
92	18.4	16.7	14.6	13.1	11.5
93	18.6	16.9	14.8	13.3	11.6
94	18.8	17.1	14.9	13.4	11.8
95	19	17.3	15.1	13.6	11.9
96	19.2	17.5	15.2	13.7	12
97	19.4	17.6	15.4	13.9	12.1
98	19.6	17.8	15.6	14	12.3
99	19.8	18	15.7	14.1	12.4
100	20	18.2	15.9	14.3	12.5
101	20.2	18.4	16	14.4	12.6
102	20.4	18.5	16.2	14.6	12.8
103	20.6	18.7	16.3	14.7	12.9
104	20.8	18.9	16.5	14.9	13
105	21	19.1	16.7	15	13.1
106	21.2	19.3	16.8	15.1	13.3
107	21.4	19.5	17	15.3	13.4
108	21.6	19.6	17.1	15.4	13.5
109	21.8	19.8	17.3	15.6	13.6
110	22	20	17.5	15.7	13.8
111	22.2	20.2	17.6	15.9	13.9
112	22.4	20.4	17.8	16	14
113	22.6	20.5	17.9	16.1	14.1
114	22.8	20.7	18.1	16.3	14.3
115	23	20.9	18.3	16.4	14.4
116	23.2	21.1	18.4	16.6	14.5
117	23.4	21.3	18.6	16.7	14.6
118	23.6	21.5	18.7	16.9	14.8
119	23.8	21.6	18.9	17	14.9
120	24	21.8	19	17.1	15
121	24.2	22	19.2	17.3	15.1
122	24.4	22.2	19.4	17.4	15.3
123	24.6	22.4	19.5	17.6	15.4
124	24.8	22.5	19.7	17.7	15.5

	布の表示	13ct	14ct	16ct	18ct	20ct
アイーダ	ブロック/in	13	14	16	18	20
	ブロック/cm	5	5.5	6.3	7	8
	目/cm	5	5.5	6.3	7	8
	布の表示	25ct	28ct	32ct	36ct	40ct
リネン	織り糸本/in	25	28	32	36	40
	織り糸本/cm	10	11	12.6	14	16
	目/cm	5	5.5	6.3	7	8

目数	13ct	14ct	16ct	18ct	20ct
125	25	22.7	19.8	17.9	15.6
126	25.2	22.9	20	18	15.8
127	25.4	23.1	20.2	18.1	15.9
128	25.6	23.3	20.3	18.3	16
129	25.8	23.5	20.5	18.4	16.1
130	26	23.6	20.6	18.6	16.3
131	26.2	23.8	20.8	18.7	16.4
132	26.4	24	21	18.9	16.5
133	26.6	24.2	21.1	19	16.6
134	26.8	24.4	21.3	19.1	16.8
135	27	24.5	21.4	19.3	16.9
136	27.2	24.7	21.6	19.4	17
137	27.4	24.9	21.7	19.6	17.1
138	27.6	25.1	21.9	19.7	17.3
139	27.8	25.3	22.1	19.9	17.4
140	28	25.5	22.2	20	17.5
141	28.2	25.6	22.4	20.1	17.6
142	28.4	25.8	22.5	20.3	17.8
143	28.6	26	22.7	20.4	17.9
144	28.8	26.2	22.9	20.6	18
145	29	26.4	23	20.7	18.1
146	29.2	26.5	23.2	20.9	18.3
147	29.4	26.7	23.3	21	18.4
148	29.6	26.9	23.5	21.1	18.5
149	29.8	27.1	23.7	21.3	18.6
150	30	27.3	23.8	21.4	18.8
151	30.2	27.5	24	21.6	18.9
152	30.4	27.6	24.1	21.7	19
153	30.6	27.8	24.3	21.9	19.1
154	30.8	28	24.4	22	19.3
155	31	28.2	24.6	22.1	19.4
156	31.2	28.4	24.8	22.3	19.5
157	31.4	28.5	24.9	22.4	19.6
158	31.6	28.7	25.1	22.6	19.8
159	31.8	28.9	25.2	22.7	19.9
160	32	29.1	25.4	22.9	20
161	32.2	29.3	25.6	23	20.1
162	32.4	29.5	25.7	23.1	20.3
163	32.6	29.6	25.9	23.3	20.4
164	32.8	29.8	26	23.4	20.5

1インチ（inch、記号：in）は25.4ミリメートル

La housse de machine à coudre

ミシンカバー … Photo P. 26-27 Chart P. 57

材料

- ●刺しゅう布：クロスステッチ用麻布（12目／cm）
  アイボリー：35×35cm
- ●DMC25番刺しゅう糸（各1束ずつ）：
  746, 967, 3341, 351, 741, 970, 947, 445, 973, 3820, 831,
  3371, 644, 646, 648, 3032, 326, 956, 907, 906, 904, Blanc
- ●表布：麻布前面、後面用：40×31cmを2枚、
  上面用：40×15cm
- ●裏布：表布と同様の布を用意する。
- ●革テープまたはスエード調三つ編み紐：27cmを2本
- ●接着芯：21.5×25cm

- ●出来上がりサイズ
  横幅38cm×縦幅25cm×マチ13cm

- ●刺しゅうのサイズ
  約20×18cm

- ●単位はcm

作り方

1. 刺しゅう布の中央に、P.57のモチーフを刺しゅうする。
2. 刺しゅう布を寸法図のように左右と上辺を1cmの縫い代、下辺を5cmの縫い代になるように切る。
   21.5×24.5cmの接着芯を、縫い代を避けて貼る。
3. 表布を縫う。刺しゅう布の左右を裏に折り返す。前面の中心にのせて縫い止める。
4. 刺しゅう布の左右の上端から布の端を隠すように革テープをとめつける。
5. 前面の布と上面の布を中表に縫い合わせる。端まで縫わず、できあがり線まで縫う。縫い代を上面側にたおす。
6. 同様に後ろ面の布と上面の布を中表に合わせて縫う。
7. 本体の左右それぞれに側面を中表に合わせ、縫う。
8. 裏布を縫う。裏布は側面と後面の縫い合わせの1カ所に返し口を作り、5〜7と同様に縫い合わせる。
9. 袋状になった表布を表に返し、裏布の中に重ねる。
10. 袋口を一周ぐるりと縫う。
11. 袋口をできあがり線で表布側に折る。返し口から表に返す。
12. 返し口をまつって閉じる。

寸法図

①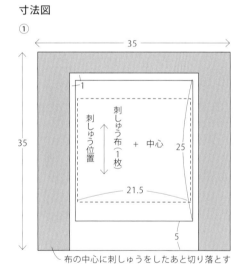

②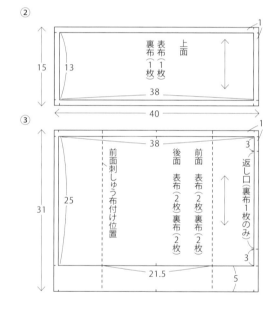

③

④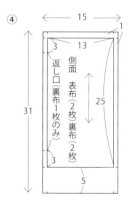

4

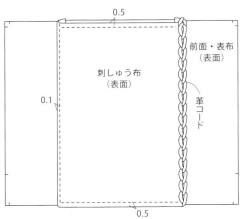

5

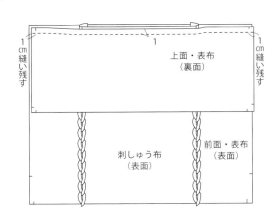

7

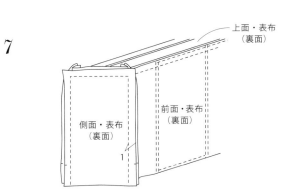

9

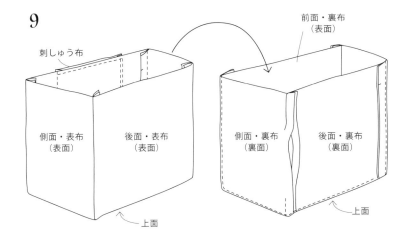

10

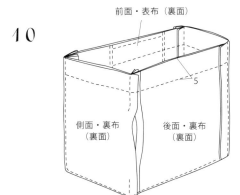

11

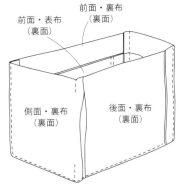

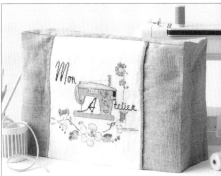

Le coussin
クッション･･･Photo P. 106-107 Chart P. 108-109

材料
- 刺しゅう布: クロスステッチ用麻布（11目／cm）
  アイボリー：60×40cm
- DMC25番刺しゅう糸（各1束ずつ）：
  924, 3808, 3849, 3811, 3865, 712, 648, 3340, 666, 310, 3799
- 接着芯：49×32cm
- 赤いモチーフのプリント布：51×34cm、170×3cm
- 細紐（直径5mm）：170cm
- 中綿

- 出来上がりサイズ
  約50×33cm

- 刺しゅうのサイズ
  約49×17.5cm

- 単位はcm

作り方

1. 刺しゅう布の図の位置に、P.108-109のモチーフを刺しゅうする。リボンの両側は裁ち端から1cm内側まで延長して刺しゅうする。リボンのアルファベットはP.103のチーフから好きなものを選ぶ。

2. 縫い代を避けて、刺しゅう布の裏に接着芯を貼る。

3. パイピングテープを作る。細紐をプリント布のテープの裏中央にのせ、半分に折ってくるむ。紐の際を縫う。

4. 刺しゅう布の縫い代の端に2の裁ち端を合わせてぐるりと一周のせる。その際、角は表に返すためにゆとりを持たせる。最初と最後の重なる部分はパイピングテープのミシン目をほどき、細紐を切って突き合わせにし、刺しゅう布にとめつける。

5. 4とプリント布を中表に合わせる。ぐるりと一周ぬい、返し口は粗ミシンで縫う。

6. 縫い代はそれぞれ、刺しゅう布側、プリント布側用にアイロンで折る。

7. 返し口の粗ミシンをほどき、返し口から表に返して、中綿を詰め、返し口をまつって閉じる。

※原著では、パイピングテープの代わりに3cm幅のプリント布を使用していますが、市販のバイアステープやパイピングテープを使うと本体の布になじんできれいに仕上がります。

寸法図

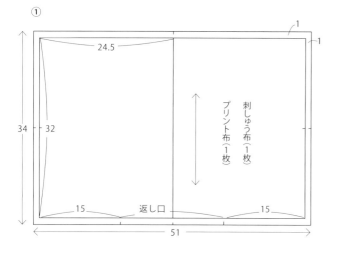

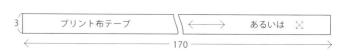

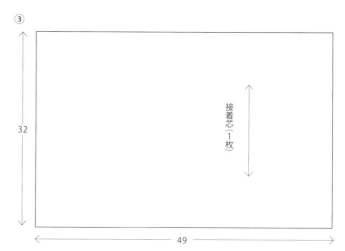

④ 図案位置

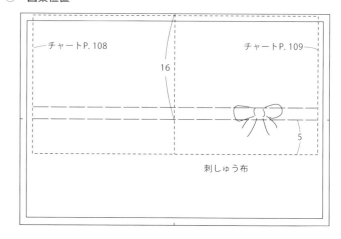

3

4

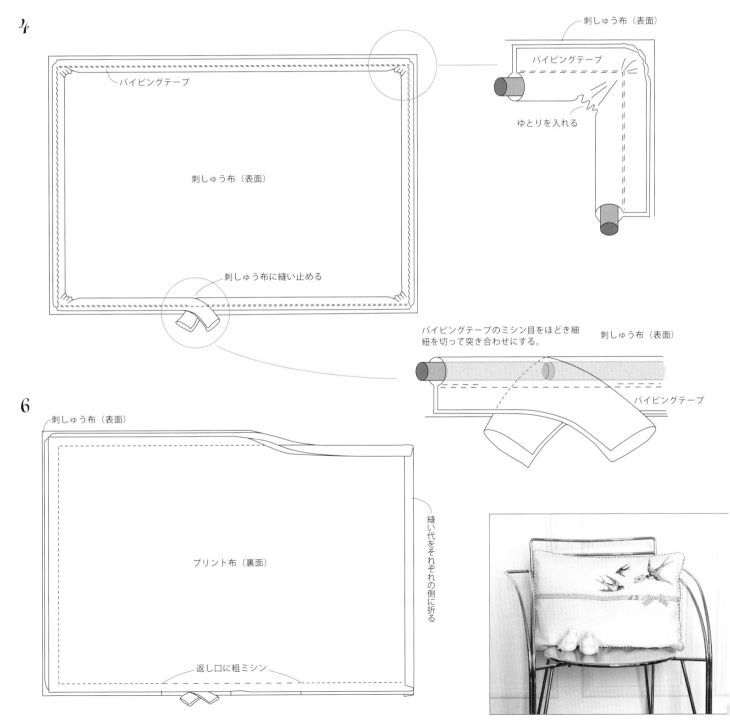

フランスの花々と小鳥のクロスステッチ
—— 210点のモチーフで彩る可憐な世界 ——

2019年 4月25日　　初版第1刷発行

著者　　　　　エレーヌ・ル・ベール（© Hélène Le Berre）
発行者　　　　長瀬 聡
発行所　　　　株式会社グラフィック社
　　　　　　　〒102-0073 東京都千代田区九段北1-14-17
　　　　　　　Phone: 03-3263-4318　Fax: 03-3263-5297
　　　　　　　http://www.graphicsha.co.jp
　　　　　　　振替00130-6-114345

印刷製本　　　図書印刷株式会社

乱丁・落丁本はお取り替えいたします。
本書掲載の図版・文章の無断掲載・借用・複写を禁じます。
本書のコピー、スキャン、デジタル化等の無断複製は著作権法上の例外を除き禁じられています。本書を代行業者等の第三者に依頼してスキャンやデジタル化することは、たとえ個人や家庭内での利用であっても著作権法上認められておりません。

ISBN978-4-7661-3279-3 C2077

Japanese text and instruction pages: pp. 114 -119
© 2019 Graphic-sha Publishing Co., Ltd.

Printed and bound in Japan

和文版制作スタッフ

翻訳・執筆　　　　　　　　　　　柴田里芽
作り方ページ制作・チャート校閲　安田由美子
組版・トレース　　　　　　　　　石岡真一
カバーデザイン　　　　　　　　　北谷千顕（CRK DESIGN）
編集・制作進行　　　　　　　　　坂本久美子（グラフィック社）

材料に関するお問い合わせはこちらへ

ディー・エム・シー株式会社
〒101-0035 東京都千代田区神田紺屋町13番地　山東ビル7F
TEL: 03-5296-7831　FAX: 03-5296-7833
WEBカタログ www.dmc.kk.com

図案の著作権は、著者に帰属します。図案の商業利用はお控えください。あくまでも個人でお楽しみになる範囲で節度あるご利用をお願いします。

本書の作品写真は、フランス語版原著に基づいています。本書のチャートと一致しない部分もあります。イメージカットとしてご参照願います。